Dr. Setondji Gilles Natachar GLELE

Mystère des lettres aux sept églises d'Asie

Dr. Setondji Gilles Natachar GLELE

Mystère des lettres aux sept églises d'Asie

Éditions Croix du Salut

Cover image: www.ingimage.com

Publisher:
Éditions Croix du Salut
is a trademark of
Dodo Books Indian Ocean Ltd. and OmniScriptum S.R.L publishing group

120 High Road, East Finchley, London, N2 9ED, United Kingdom
Str. Armeneasca 28/1, office 1, Chisinau MD-2012, Republic of Moldova, Europe
Printed at: see last page
ISBN: 978-620-6-16837-9

PREFACE

Je dédie ce livre à toute personne, quel que soit sa race ; son sexe ; sa nationalité ou ses convictions culturelles et cultuelles, nourrissant l'appétit d'élargir sa connaissance sur des sujets relatifs à la vérité biblique et est animée du désir curieux d'expérimenter la véritable liberté par le moyen de la connaissance de la vérité.

Je prie que le Saint-Esprit vous rencontre pendant que vous lisez ce livre.

Qu'il comble votre attente et que vous ne soyez plus jamais la même personne après cette aventure littéraire.

Nous bénissons Dieu qui a souverainement élevé son Fils unique, notre Seigneur et Sauveur personnel par qui nous recevons la grâce d'avoir part à l'héritage des saints dans la lumière ; l'Esprit de sagesse et de révélation dans sa connaissance par lequel, nous sommes scellés pour le jour de la rédemption.

Nous nous unissons à vous pour une marche objective et fructueuse à la découverte de la compréhension selon le cœur de Dieu sur le mystère autour des lettres aux sept églises d'Asie du livre d'Apocalypse.Pendant que j'écrivais ce livre, c'était comme si vous et moi, lors d'une balade, parlions face à face.

Je peux vous assurer que le contenu de ce livre est très efficace et éclaireur, de sorte qu'en le lisant simplement d'un bout à un autre, le cœur ouvert et sincère, vous serez vraiment délivré de votre ignorance relative au cafouillage qui entoure les multiples interprétations que font objet les saintes écritures de nos jours.

Que vous soyez : Catholique ; protestant ; pentecôtiste ou ayant tout simplement la bible en partage ;

Sachez que cet ouvrage vient à point nommé en réponse aux exigences des derniers temps que nous traversons dans la marche annonciatrice de l'œuvre du Seigneur Jésus-Christ et de son avènement pour le festin royal des justes.

Nous profitons de l'occasion pour vous informer que les gens sont incontestablement semblables dans le monde. Ils vivent d'une manière ou d'une autre les mêmes réalités. Ils ont autant que vous, besoin de connaître ; de comprendre ; et recherchent à tort ou à raison la même vérité.

C'est pourquoi les œuvres de cette édition paraissent, telles, une denrée rare qu'il faudra à tout prix s'en procurer.

Sommaire

Introduction

Nous rendons grâce à sa majesté, le Dieu de toute la création, par notre seigneur et sauveur Jésus-Christ, qui nous a non seulement réconcilié avec le Père, mais nous a aussi planté en qualité d'adorateurs au cœur de son royaume.

A travers donc cette œuvre, vous découvrez à nouveau l'honneur qui nous est accordé de faire partir des canaux mis à part par Dieu et pour Dieu, dans le cadre de la dispensation de ses pensées, lesquelles traduisent sa personnalité naturellement insondable, et sa volonté immuable de sortir le grand nombre des croyants de l'ignorance afin de les faire accéder à la vérité que sont censées révéler les saintes écritures.

Dans le cas d'espèce, il sera question de mettre à la disposition de nos différents lecteurs, la compréhension selon le cœur et la pensée de Dieu en rapport avec la révélation sur les lettres aux sept églises d'Asie.

Mais en attendant, prière nous référer à ces quelques passages tirés des saintes écritures, lesquels annonçaient l'importance de la lumière ou la vérité.

Références bibliques : Esaïe : 8 V 23 ; 2 Timothée : 3 V 16.

Mais les ténèbres ne règneront pas toujours

Sur la terre où il y a maintenant des angoisses ;

Si les temps passés ont couvert d'opprobre

Le pays de Zabulon et le pays de Nephthali,

Les temps à venir couvriront de gloire la contrée voisine de la mer, au-delà du Jourdain,

Le territoire des Gentilles.

Toute écriture est inspirée de Dieu, et utile pour enseigner, pour convaincre, pour corriger, pour instruire dans la justice.

En attendant de commencer l'étude proprement dite du principal sujet de cet ouvrage, il nous plait de faire remarquer la présence de ces trois mots, dont la bonne compréhension reste nécessaire et conditionne la suite acquise de tout le travail.

Il s'agit de : Lettre ; Sept et Eglise.

Chapitre : 1

Définitions diverses

LETTRE : Encore appelée correspondance, est une œuvre littéraire, l'expression écrite traduisant la pensée d'un ou plusieurs individus pour l'atteinte d'un objectif.

SEPT : Chiffre ; nombre numérique ou entier naturel qui suit et précède respectivement les nombres six (6) et huit (8), selon la science et qui traduit un état d'accomplissement ou de perfection dans le domaine spirituel.

EGLISE : Un mot d'origine spirituelle et divine, qui traduit l'union ou l'ensemble de tous ceux qui sont appelés hors du monde des ténèbres pour la formation d'une sainte et céleste famille.

Ainsi, des trois définitions ci-dessus, nous déduisons la vision écrite de Dieu à l'égard de ceux qui sont appelés hors du monde et mis à part pour lui dans la perspective de leur connaissance de l'état spirituel accompli et parfait.

Toutefois, il faut souligner qu'il n'y a pas de relation entre Dieu et l'église sans l'implication de l'homme ou du croyant, en sorte que la vie spirituelle de celui-ci sera plus mise en valeur dans cette étude afin de faciliter une appréhension plus ouverte à la plus petite intelligence.

Ceci dit qu'en lieu et place du mot église, l'homme ou le croyant sera plus utilisé dans le développement de notre thème ; lequel concerne plus, l'individu que le croyant.

Chapitre : 2

Particularité de la Bible

En ce qui concerne la particularité de la Bible, il faut commencer par souligner qu'elle est comme l'un des multitudes œuvres littéraires qui pouvaient se trouver presqu'à la portée de toutes les bourses et faire objet d'étude et de commentaires à la limite du raisonnement humain quoiqu'un véritable instrument de source de vie et de mort comme particularité bibliographique, et l'une de ses spécificités est que plusieurs acteurs de ses différents récits pouvaient se retrouver encore dans le rôle d'un seul et unique acteur, suivant les objectifs poursuivis par le développement des évènements.

Ainsi, on pourra noter des exemples comme ceux-ci…

Références bibliques : Romains : 5 V 12, 18 ; Galates : 3 V 7-8 ; Hébreux : 7 V 5, 9-10.

C'est pourquoi, comme par un seul homme le péché est entré dans le monde, et par le péché la mort, et qu'ainsi la mort s'est étendue sur tous les hommes, parce que tous ont péché...

Ainsi donc, comme par une seule offense la condamnation a atteint tous les hommes, de même par un seul acte de justice la justification qui donne la vie s'étend à tous les hommes.

Reconnaissez donc que ce sont ceux qui ont la foi qui sont fils d'Abraham.

Aussi l'écriture, prévoyant que Dieu justifierait les païens par la foi, a d'avance annoncé cette bonne nouvelle à Abraham : Toutes les nations seront bénies en toi !

Ceux des fils de Levi qui exercent le sacerdoce ont, d'après la loi, l'ordre de lever la dîme sur le peuple, c'est-à-dire, sur leurs frères, qui cependant sont issus des reins d'Abraham.

De plus, Levi, qui perçoit la dîme, l'a payée, pour ainsi dire, par Abraham ;

Car il était encore dans les reins de son père, lorsque Melchisedek alla au-devant d'Abraham.

Ainsi, nous pouvons avoir Abraham, qui correspond à l'union des circoncis et des incirconcis.

Nous avons Jacob, qui est encore Israël, et qui correspond à l'union de ses douze fils ou les douze tribus d'Israël. Il sera donc à la fois individu et peuple.

Nous avons sous l'air des rois, où le royaume de Juda sera l'union gouvernementale et administrative des tribus de Juda et de Benjamin, pendant que celui d'Israël sera désormais composé de dix tribus au lieu des douze d'autre fois.

Nous avons encore plusieurs d'autres exemples, cependant, nous préférons nous arrêter sur ces quelques-uns ci-dessus cités, tout en profitant pour rappeler que dans le domaine spirituel, les chiffres et les nombres sont plus utiles pour usage qualitatif que quantitatif, de sorte que du chiffre un (1) jusqu'au nombre huit (8) pour ne citer que ceux-là, correspondent ; traduisent ou véhiculent respectivement une pensée divine.

Dans le chapitre qui précède l'envoi des lettres, nous découvrons le mystère des étoiles et des chandeliers respectivement représentant les anges ministériels et les églises, en sorte que chacun des anges était affecté à chacune des églises dans le cadre relationnel de Dieu avec les humains, ou les cieux avec la terre.

On notera en conséquence, sept anges au service de Dieu pour la cause ministérielle des sept églises.

Ainsi, à chacune des églises, lesquelles devraient même être désignées par les noms des villes qui les abritaient, sera adressée une lettre contenant des informations à caractère instructif et ceci par le biais de chacun des anges établis sur elles.

Chapitre : 3

L'essentiel sur la notion biblique du ministère.

Définition :

Il faut entendre par ministère, l'ensemble des pratiques et des observations légalement et divinement établies, par lesquelles un sujet a la possibilité d'entrer en relation de service avec Dieu.

Il établit une relation d'ouvrier ou d'employé avec son maître ou son employeur.

Dans cette réalité relationnelle, Il faut noter dans un premier temps, la généralité biblique d'après laquelle, deux ministères avaient été successivement mis en place, dans le but de coordonner la relation entre le souverain Dieu et les humains.

Dans un second temps, ces deux ministères seront qualifiés d'angélique et du spirituel, et devraient respectivement concernés les relations de Dieu avec les pécheurs et les justes.

Ainsi, le ministère des anges ou angélique sera le premier à prendre corps dans cette relation, et devra céder plus tard, la place à celui de l'Esprit, conformément au plan divin du salut des humains.

Essentiel sur le ministère des anges, de la mort ou de la condamnation.

Il faut rappeler que le ministère des anges, comme son nom l'indique, est un système religieux, cadré par une relation divine dans laquelle l'être-humain est soumis à l'autorité des anges, à cause de sa nature de péché ou de mort spirituelle, laquelle le séparait de Dieu et dont le fonctionnement tourne autour de la loi du péché et de la mort ou la loi des œuvres, représentée par la figure divine et emblématique dont le prophète Moïse.

Ce ministère sera axé sur la conscience du mérite, que, Adam et Eve avaient découvert pour avoir suivi la proposition que le serpent leur avait faite dans le jardin d'Eden, celle de devenir comme des dieux.

Il sera caractérisé par la prédication continue de la repentance et de la confession de péché en vue de l'effort personnel pour l'acquisition du salut de l'âme du pécheur.

Il sera par endroit qualifié du ministère de la mort et de la condamnation, parce que révélé incapable de conduire le pécheur dans le repos de Dieu, après l'avoir affranchi de l'esclavage du péché et de l'autorité de la mort.

Cependant, il faut rappeler que les anges, constituant l'une des pièces maîtresses de ce ministère sont saints et ne devraient pas être confondus au caractère condamnable et mortel dudit ministère.

Leur relation ministérielle envers les pécheurs ne change pas leurs natures et devrait être considérée en tant que telle.

Ils sont divinement juste mandés pour servir de point de contact entre le saint et juste Dieu, et les hommes qui étaient sous l'empire du péché et de la mort, c'est-à-dire tombés dans une incompatibilité relationnelle directe avec leur créateur.

Références bibliques : Galates : 3 V 19-20 ; 2 Corinthiens : 3 V 7, 9, 11, 13-15.

Pourquoi donc la loi ? Elle a été donnée ensuite à cause des transgressions, jusqu'à ce que vint la postérité à qui la promesse avait été faite ; elle a été promulguée par des anges au moyen d'un médiateur.

Or, le médiateur n'est médiateur d'un seul, tandis que Dieu est un seul.

Or si le ministère de la mort, gravé avec des lettres sur des pierres, a été glorieux, au point que les fils d'Israël ne pouvaient fixés les regards sur le visage de Moïse, à cause de la gloire de son visage, bien que cette gloire était passagère,

Si le ministère de la condamnation a été glorieux, le ministère de la justice est beaucoup supérieur en gloire.

En effet, si ce qui était passager a été glorieux, ce qui est permanant est bien plus glorieux.

Et nous ne faisons pas comme Moïse, qui mettait un voile sur son visage, pour que les fils d'Israël ne fixassent pas les regards sur la fin de ce qui était passager.

Mais ils sont devenus durs d'entendement. Car jusqu'à ce jour le même voile demeure quand, ils font la lecture de l'ancien testament, et il ne se lève pas, parce que c'est en Christ qu'il disparaît.

Jusqu'à ce jour, quand on lit Moïse, un voile est jeté sur leurs cœurs ;

Références bibliques : Hébreux : 1 V 13-14.

Et auquel des anges, a-t-il jamais dit :

Assieds-toi à ma droite,

Jusqu'à ce que je fasse de tes ennemis ton marchepied ?

Ne sont-ils pas tous des esprits au service de Dieu, envoyés pour exercer un ministère en faveur de ceux qui doivent hériter le salut ?

En considération de ces différents passages bibliques ci-dessus cités, nous pouvons découvrir les aspects qui révèlent le caractère mortel et condamnable dudit ministère, lequel est divinement préparé pour révéler les faiblesses et les limites de l'homme en relation avec Dieu ; le sortir de la conscience du péché, de la mort et du mérite, pour ouvrir son cœur à l'acceptation de la grâce que communique la vérité. Jésus Christ est la vérité.

Par référence à la définition du mot église, le croyant sera l'élément principal dont nous nous servirons pour procéder à l'étude descriptive des différents ministères.

Ainsi, le ministère des anges étant suffisamment décrit, nous jugeons à présent utile de faire remarquer à travers les lettres aux six premières églises, lesquelles par le nombre six, correspond au chiffre d'homme ou l'âge précédent la fin de la croissance du croyant charnel, lequel sera caractérisé par les trois points susmentionnés à savoir :

La repentance ; les œuvres et la conscience du mérite, bien sûr, si on le considère sous ces deux caractères.

Par ailleurs, il sera écrit que Dieu s'est disposé de cinq jours pour créer toutes les choses dont l'homme qu'il va créer au sixième jour, devrait avoir nécessairement besoin.

Et si l'homme qui devrait être la dernière de toutes les œuvres va bénéficier de l'image et de la ressemblance avec Dieu le créateur, et le pouvoir de dominer et de contrôler tout ce qui avait été créé avant lui, cela donne à le considérer comme la première œuvre divine à caractère terrestre, gardée dans le secret du créateur en vue de le nommer et de le manifester au sixième jour, puisque ce sera bel et bien à cause lui et de lui seul que les cinq premiers jours de la création devraient exister.

Tirons l'exemple d'un bébé conçu et de son trousseau.

En effet, cet enfant, à un moment de sa vie ou encore dans le ventre de sa mère, était la raison qui motivait une ou plusieurs personnes à aller s'acheter des présents de divers ordres et de diverses qualités en vue de se préparer pour accueillir l'enfant qui allait incessamment naître, quoique ignorant peut-être encore jusque-là, beaucoup de choses par rapport à ce dernier.

Une tierce personne peut ne pas avoir aucune idée de l'état de grossesse d'une telle femme, et même rien trouver dans sa chambre et dans ses bras, cependant, sa conscience de son état de grossesse la soumet à un travail de préparatif pour la manifestation de ce que presque tout le monde ignorait peut-être dès les premiers jours de sa grossesse.

Ceci nous donne d'imaginer l'homme dans le sein de Dieu et avec lui à chacun des cinq premiers jours de la création, alors dans une phase de croissance, laquelle devrait s'arrêter au sixième jours, c'est-à-dire le jour de naissance ou de sa nomination pour son entrée au septième jour, lequel représente le repos ou le sabbat de Dieu et qui serait préparé toujours à cause de ce dernier.

Références bibliques : Galates : 3 V 19-20 ; 2 Corinthiens : 3 V 7, 9, 11, 13-15 ; Hébreux : 1 V 13-14.

qu'on parvient au salut, selon ce que dit l'écriture.

Quiconque croit en lui ne sera point confus.

Je jurai dans ma colère :

Ils n'entreront pas dans mon repos !

Pour nous qui avons cru, nous entrons dans le repos, selon qu'il dit :

Je jurai dans ma colère :

Ils n'entreront pas dans mon repos !

Il dit cela, quoique ses œuvres eussent été achevées depuis la création du monde.

Car il a parlé quelque part ainsi du septième jour : Et Dieu se reposa de toutes ses œuvres le septième jour.

Car celui qui entre dans le repos de Dieu se repose de ses œuvres, comme Dieu s'est reposé des siennes.

Efforçons-nous donc d'entrer dans ce repos, afin que personne ne tombe en donnant le même exemple de désobéissance.

Ainsi, les six premiers jours devraient être considérés comme la phase de croissance de la connaissance spirituelle de l'homme dans sa relation avec Dieu, son créateur dans la prise de conscience de son état déchu par la connaissance du péché ; sa faiblesse et la limite de ses œuvres ou efforts personnels prétendant le qualifier pour un quelconque mérite à l'égard des dons de Dieu, et sous la coordination du ministère des anges et l'autorité de la loi du péché et de la mort afin de se faire accueillir par le septième jour, lequel par la découverte d'une nouvelle loi et d'un nouveau ministère, est préparé pour lui offrir par la foi, le repos de Dieu ou la vie éternelle.

Et ce sera le ministère de l'Esprit sous l'autorité de la loi de l'Esprit de vie en Christ, qui est qualifié pour conduire l'homme dans le repos de Dieu.

C'est donc sur la bonne compréhension de cette description que nous revenons à notre sujet, pour considérer les sept églises comme une et une seule église qui va connaître les sept dimensions de la croissance spirituelle, dont les six premières correspondront à l'âge de la relation charnelle du croyant avec Dieu, pour sa rencontre au septième âge avec la grâce de Dieu ; le Christ par la compréhension et l'acceptation de l'œuvre de la croix ou de la rédemption de Christ appelée Evangile, comme la puissance de Dieu pour rendre juste, le pécheur.

Il n'y aura pas un huitième âge de croissance dans la vie du croyant, c'est-à-dire l'église, et le contenu de la lettre à la septième église sera bien indiquée pour confirmer la révélation.

Et contrairement aux six premières lettres, le contenu de la septième lettre sera exclusivement évangélique par son caractère de réforme relationnelle et ministérielle.

Essentiel sur le ministère de l'Esprit ou de la réconciliation.

Le ministère de l'Esprit ou de la réconciliation, comme son nom l'indique est un système de relation divine par lequel la connaissance du croyant l'affranchit de la vie religieuse ou collective pour une relation individuelle avec Dieu, son créateur et son Père dans une nouvelle conscience de pureté ; de sainteté et de justice par l'œuvre de la rédemption en Christ.

Il est communiqué par la prédication de l'évangile et produit des adorateurs selon le cœur et le désir du Tout-Puissant.

Références bibliques : Jean : 4 V 23 - 24.

Mais l'heure vient, et elle est déjà venue, où les vrais adorateurs adoreront le Père en esprit et en vérité ; car ce sont là, les adorateurs que le Père demande.

Dieu est Esprit, et il faut que ceux qui l'adorent, l'adorent en esprit et en vérité.

Ainsi, la bonne compréhension de ses messages délivre le cœur du croyant de la puissance du péché et le soumet à l'Esprit-Saint afin de le sortir de l'autorité et de l'intermédiation des anges, lesquels sont désormais sous le pouvoir et l'ordre du croyant justifié.

Il est aussi caractérisé par l'enseignement de la conversion à Dieu ; la confiance en sa fidélité et le changement de la mentalité du mérite pour celle de la grâce.

Et tout ceci centré sur la révélation de la personne de Christ, en qui habite corporellement toute la plénitude de la divinité, laquelle est attestée par les anges et approuvée des hommes.

Chapitre : 4

Etude comparative du résumé des six premières lettres avec la septième lettre.

Mais en attendant d'aborder l'étude de comparaison des lettres, il nous plaît de rappeler que l'un des objectifs de cette œuvre littéraire est de contribuer à faire prendre conscience aux différents ministres alloués à la charge ecclésiastique, lesquels, au lieu de faire de leur liberté, une ouverture respectueuse à la véritable implication de l'Esprit-Saint en qualité de propriétaire légitime et directeur du ministère évangélique, se referment sur eux-mêmes, en se livrant à la rivalité charnelle et aux querelles du leader, ce qui révèle la première handicape à la croissance des croyants ou de l'église, malgré les multiples démonstrations de force et l'alignement des bels édifices en l'honneur de Dieu, auquel on n'arrête d'assister.

Il convient de retenir que toute église fonctionnant sous le leadership d'une seule personne, peu importe le résultat de son ministère, correspond à la catégorie des cinq premières églises de notre texte d'étude, et ne pourra pas bénéficier et vivre l'effectivité de divers dons réservés pour sa croissance à la maturité ou la perfection conformément au plan directionnel du Saint-Esprit.

Elle pourra enregistrer à son actif, beaucoup de résultats et de témoignages aux yeux des humains, cependant demeurera chétive par un arrêt de croissance spirituelle et gardée loin du royaume de Dieu c'est-à-dire le Christ.

Elle pourra, de par ses propres œuvres, acquérir le vêtement blanc, symbole de la justice que la loi attend des croyants pécheurs, lequel est à tout moment passible de lui être retiré pour l'avoir obtenu par mérite et non par grâce, et la suite des études nous en renseignera davantage.

Le Seigneur, néanmoins, aurait pris le soin de prévenir ces ministres indélicats des risques liés à leur mauvaise foi et son disciple, l'apôtre Paul ne manquera non plus de faire le rappel.

Références bibliques : Mathieu : 7 V 21-23 ; 2 Corinthiens : 11 V 13-15.

Ceux qui me disent : Seigneur, Seigneur ! N'entreront pas tous dans le royaume des cieux, mais celui-là seul qui fait la volonté de mon Père qui est dans les cieux.

Plusieurs me diront en ce jour-là : Seigneur, Seigneur, n'avons-nous pas prophétisé par ton nom ?

N'avons-nous pas chassé des démons par ton nom ?

Et n'avons-nous pas fait beaucoup de miracles par ton nom ?

Alors je leur dirai ouvertement : je ne vous ai jamais connus, retirez-vous de moi, vous qui commettez l'iniquité.

Ces hommes-là sont de faux apôtres, des ouvriers trompeurs, déguisé en apôtre de Christ.

Et cela n'est pas étonnant, puisque Satan lui-même se déguise en ange de lumière.

Il n'est donc pas étrange que ses ministres aussi se déguisent en ministres de justice. Leur fin sera selon leurs œuvres.

Il faut souligner que, et Dieu le créateur, et le Diable le manipulateur sont tous esprits, et ne communiquent généralement aux humains que par le biais des humains en sorte que le même individu peut toutefois être utilisé à la fois par Dieu et par le Diable.

Dieu reste le seul et unique créateur de tout l'univers, donc celui du Diable en question.

Le Diable a été créé ange de lumière, qui veut dire ange de beauté éclatante et brillante.

La perte de sa position céleste n'a eu aucun impact sur sa beauté, laquelle lui constitue l'élément essentiel pour séduire les humains en général et les soit-disants, serviteurs ou ministres de Dieu en particulier.

Il va souvent multiplier ses apparitions aux croyants sous la forme du Fils unique de Dieu, le seigneur et sauveur Jésus-Christ, dans le but de les déchoir de la foi sachant bien que les humains veulent toujours voir pour croire.

C'est pourquoi il ne sera pas étonnant d'entendre souvent des déclarations assorties des visions que des croyants ou des serviteurs auraient eu, et qui n'ont aucun autre objectif que de séduire le monde et d'étendre davantage son empire.

Références bibliques : Mathieu : 16 V 17 ; 23 ; Esaïe : 14 V 12.

Jésus, reprenant la parole, lui dit : Tu es heureux ; Simon, fils de Jonas ; car ce ne sont pas la chair et le sang qui te l'ont révélé cela, mais c'est mon Père qui est dans les cieux.

Mais Jésus, se retournant, dit à Pierre : Arrière de moi Satan ! Tu m'es en scandale ; car, tes pensées ne sont pas les pensées de Dieu, mais celles des hommes.

Te voilà tombé du ciel,

Astre brillant, fils de l'aurore !

Tu es abattu à terre,

Toi, le vainqueur des nations !

Mais dans la suite des temps, le Fils de l'homme apparaîtra en tant que, la parole qui s'est faite chair, et ce sera la parole de lumière ou la lumière des hommes en réponse aux ténèbres qui couvraient la terre.

Cette lumière ne sera pas celle de la vue ou de la séduction dont fait usage le Diable, mais la vérité dont les hommes ont besoin pour accéder à la justice de Dieu, c'est-à-dire pour le salut de leurs âmes.

Cette lumière n'est pas visible mais spirituelle, éclaireuse et libératrice selon qu'il est écrit :

Référence biblique : Jean : 20 V 27-29 ; Romains : 10 V 2.

Puis il dit à Thomas : Avance ici ton doigt, et regarde mes mains ; avance aussi ta main, et mets-là dans mon côté ; et ne sois pas incrédule, mais crois.

Thomas lui répondit : Mon Seigneur et mon Dieu ! Jésus lui dit :

Parce que tu m'as vu, tu as cru. Heureux ceux qui n'ont pas vu, et qui ont cru !

Je leur rends le témoignage qu'ils ont du zèle pour Dieu, mais sans intelligence...

Référence biblique : Jean : 10 V 1 - 7.

Puis En vérité, en vérité, je vous le dis, celui qui n'entre pas par la porte dans la bergerie, mais qui y monte par ailleurs, est un voleur et un brigand.

Mais celui qui entre par la porte est le berger des brebis.

Le portier lui ouvre, et les brebis entendent sa voix ; il appelle par leur nom les brebis qui lui appartiennent, et il les conduit dehors.

Lorsqu'il à fait sortir toutes ses propres brebis, il marche devant elles ; et les brebis le suivent, parce qu'elle connaissent va voix.

Elles ne suivront point un étranger ; mais elles fuiront loin de lui, parce qu'elles ne connaissent pas la voix des étrangers.

Jésus leur dit cette parabole, mais ils ne comprirent pas de quoi il leur parlait.

Jésus leur dit encore : En vérité, en vérité, je vous le dis, je suis la porte des brebis.

Le contenu ci-dessus traduit la pensée du salut par le mérite, occasionnée par la connaissance de la loi du péché ou des oeuvres.

Cette même pensée sera au centre du message que véhiculait le Saint-Esprit en parlant de la robe blanche qui pouvait à tout moment faire objet de retrait pour cause d'irrégularités et nécessiter aussi des soins ou efforts personnels pour essayer de la maintenir propre.

C'est le ministère de la repentance dans lequel est exclusivement impliqué le service des anges pour interagir entre le Dieu très saint, juste et pur, et le croyant impur, injuste et pécheur.

Et nous pouvons en rajouter davantage pour de plus large commentaire en considération des premiers contenus des versets bibliques cependant, nous jugeons intéressant de s'arrêter sur ces quelques notes.

Etude du contenu de la première lettre.

Dans l'étude du contenu de la première lettre, on notera les points ci-après :

Un acte d'encouragement et une forme d'évaluation à, mis-parcourt au travers de laquelle les efforts et faiblesses de ladite église lui seront notifiés.

Il sera remarqué la réalité des serviteurs de titres et non de dons, ignorant que c'est bien le don ministériel qui précède le titre.

Ils seront néanmoins mis à nus dans leur zèle, puisque le feu des épreuves finira par les rattraper, un peu comme les déclarations de l'apôtre Paul dans les versets suivants:

Référence biblique : Romains : 10 V 1 - 2

Frères, le vœu de mon cœur et ma prière à Dieu pour eux, c'est qu'ils soient sauvés.

Je leur rends le témoignage qu'ils ont du zèle pour Dieu, mais sans intelligence...

Cependant, à partir du verset 4, un avertissement lui sera brandit en reproche à ce qui a rapport avec son zèle pour le ministère, histoire de relever le caractère punitif de la loi des œuvres.

Elle sera laissée sur sa soif, par un appel à la repentance, dans cette relation divine établie sur le mérite.

Etude du contenu de la seconde lettre.

Pour ce qui concerne l'étude du contenu de la seconde lettre un peu comme le cas précèdent, il sera question de remarquer à nouveau l'acte d'encouragement ; de fortification et d'appel à la persévérance de l'église en lien avec les réalités de l'heure.

Il fera mention de ceux qui se réclament juifs, alors qu'ils ne le sont pas, mais une synagogue de Satan.

Il faut souligner qu'est qualifié de Satan, tout acte ou activité religieuse ou spirituelle, susceptible de créer la séparation d'avec ce qui pouvait procurer la paix, parce que la vérité évangélique n'y était pas encore.

La synagogue étant un édifice à caractère religieux, sera qualifiée de Satan parce qu'abrittant un système cultivant les pensées autoritaires et religieuses qui ne tôleront aucun autre courant de pensée doctrinale.

Le seigneur Jésus, encore sous l'ancienne alliance, c'est-à-dire avant sa mort pouvait prévenir ses disciples de la menace de ceux qui pouvaient les faire mourir, pensant offrir un culte à Dieu tiré du verset suivant :

Référence biblique : Jean : 16 V 2

Ils vous excluront des synagogues ; et même l'heure vient où quiconque vous fera mourir croira rendre un culte à Dieu.

Toutefois, la notion du salut par les œuvres ne disparaîtra pas, pour ainsi ramener la conscience du mérite.

Etude du contenu de la troisième lettre.

Pour ce qui concerne l'étude du contenu de la troisième lettre il faut remarquer qu'elle ne sera pas aussi différente de la première, d'où le premier constat sera les mots d'encouragement et de soutien au profit de l'église.

Le qualificatif Satan sera à nouveau utilisé, et cette fois-ci, accompagné de trône et de demeure, pour ainsi signifier les territoires sur lesquels l'autorité principale reste en déphasage avec la réalité du Dieu invisible à qui s'étaient victorieusement accrochés des personnages comme : Abraham ; Moïse ; Daniel et ses trois amis ; David pour ne citer que ceux-là, et qui finit par donner gloire à son nom et honorer la foi de ses fidèles.

Cependant, il sera constaté à partir du verset 14, la même formule d'avertissement, laquelle va même faire mention de la doctrine de Balaam qui serait une pratique religieuse et idolâtre qui consiste à imiter la vérité en faisant passer la fausse doctrine pour la vraie et celà au nom de Dieu.

La doctrine de Balaam est l'ensemble des faux enseignements spirituels qui sont pris et passer pour des vrais et qui administrés par des serviteurs de Dieu victimes de la ruse et de la manipulation du diable.

Ceux-là se croient toujours travailler pour Dieu dans l'exercice du ministère confié à leur soin, alors qu'ils se sont déjà égarés du droit chemin par des motivations d'intérêts personnels et dont les conséquences ne seront que la séparation et l'éloignement d'avec la justice.

Elle sera néanmoins appelée à la repentance, pour recevoir le secours de son maître ou son employeur, toujours dans la dynamique de la loi des œuvres.

Etude du contenu de la quatrième lettre.

Pour ce qui concerne l'étude du contenu de la quatrième lettre le constat ne sera pas diffèrent des premiers.

En effet, on notera des encouragements dans la marche ouvrière de cette église, laquelle fera mention de ses nombreuses et différentes œuvres.

La particularité à ce niveau est la prophétie à la marque et à l'emprunt de Jézabel, qui est une forme de prophétie dont la motivation consiste à combattre les serviteurs de

Dieu qui refusent de se laisser corrompre et à mettre de diverses formes de pressions d'influence sur les rachetés pour tenter des dérouter du droit chemin.

Elle travaille en opposition à l'Esprit et draine de grand monde, en conformité aux avertissements tirés des versets ci-dessous :

Référence biblique : Galates : 5 V 16 - 17.

Je dis donc : Marchez selon l'Esprit, et vous n'accomplirez pas les désirs de la chair.

Car la chair a des désirs contraires à ceux de l'Esprit, et l'Esprit en a de contraire à ceux de la chair ; ils sont imposés entre eux, afin que vous ne fassiez point ce que vous voudriez.

Cependant, il sera de nouveau constaté au verset 20, des reproches qui ont trait avec la gestion de son effectif au sein duquel figure le ministère prophétique dont la source n'est pas saine et ne pouvait que contribuer à la satisfaction de la chair.

Dans l'étude du contenu de la cinquième lettre, on notera les points suivants :

Nous pouvons constater dans ce cas, une autre forme d'évaluation, suivi des conseils et des dispositions à prendre pour éviter le pire.

Le résultat sera mitigé et ne fera pas la satisfaction de son employeur ou de son maître.

On attendra pour la toute première fois, l'expression des vêtements blancs, laquelle traduit et ramène dans ce contexte précis, la notion du mérite et la loi des œuvres, puisqu'ils pouvaient toutes fois être retirés et le nom de ce sujet, effacé du livre de vie jusqu'à sa confession devant le Père et ses anges.

Oui ! Lorsqu'un sujet reçoit le vêtement blanc par mérite et son nom écrit dans le livre de vie, il peut bien s'enorgueillir, car ce salut provient de ses efforts personnels, c'est pourquoi, il pouvait à tout moment faire objet de l'expérience inverse une fois que ses œuvres ne seront plus en mesure de le défendre, d'où l'annonce de l'esprit de la grâce ou de la foi sans les œuvres, conformément à ces écrits tirés des versets ci-dessous :

Référence biblique : Romains : 10 V 3 - 6 ; Tite : 3 V 3- 5

Puis Ne connaissant pas la justice de Dieu, et cherchant à établir leur propre justice, ils ne sont pas soumis à la justice de Dieu ;

car Christ est la fin de la loi pour la justification de tous ceux qui croient.

En effet, Moïse définit ainsi la justice qui vient de la loi : L'homme qui mettra ces choses en pratique vivra par elles.

Mais voici comment parle la justice qui vient de la foi : Ne dis pas en ton cœur : Qui montera au Ciel ? C'est en faire descendre Christ ;

ou : Qui descendra dans l'abîme ? C'est faire remonter Christ d'entre les morts.

Car nous aussi, nous étions autrefois insensés, désobéissants, égarés, asservis à toute espèce de convoitises et de voluptés, vivant dans la méchanceté et dans l'envie, dignes d'être haïs, et nous haïssant les uns les autres.

Mais quand la bonté de Dieu notre sauveur et son amour pour les hommes ont été manifestés,

il nous a sauvés, non à cause des oeuvres de justice que nous aurions faîtes, mais selon sa miséricorde, par le baptême de la régénération et le renouvellement du Saint-Esprit...

Il y aura toutefois l'appel à la repentance et le souvenir du message de sa conversion à Dieu, lequel sera toujours soldé par des avertissements et les conséquences des œuvres jugés incorrectes et répréhensives.

Le vêtement blanc à ce niveau d'âge de croissance correspond à la justice qui provient de l'effort personnel, produit de la loi des œuvres et non la grâce.

Etude du contenu de la sixième lettre.

Pour ce est du cas du contenu de la sixième lettre, on notera une particularité par rapport aux cinq premières lettres, laquelle fera mention de la fidélité et de la persévérance en l'honneur de son maître qui est jaloux et ne partage sa gloire avec qui que ce soit.

En conséquence, une porte sera annoncée, ouverte devant elle, et personne ne pourra la fermer, parce qu'elle servira à communiquer la bonté et la miséricorde du Très-Haut à ceux qui sont sous l'emprise du Diable et se trompent même d'identité comme l'indique le contenu des versets suivants :

Référence biblique : Jean : 8 V 33 - 35.

Puis Ils lui répondirent : Nous sommes la postérité d'Abraham, et nous ne fûmes jamais esclaves de personnes ; comment dis-tu : Vous deviendrez libres ?

En vérité, en vérité, je vous le dis, leur répliqua Jésus, quiconque se livre au péché est esclave du péché.

Or l'esclave ne demeure pas toujours dans la maison ; le fils y demeure toujours.

Ainsi se présenteront les signes annonciateurs de l'évangile ou le message de la grâce de Dieu qu'il a préparé pour sortir les croyants de la loi des œuvres et la conscience du mérite.

Au verset 12, il sera annoncé un changement de position, tout en soulignant que le serviteur de Dieu, sous l'ancienne alliance constitue une colonne, laquelle malgré son importance dans l'architecture divine était à l'extérieur du premier temple à cause de son état de péché, mais qui sera déplacée de l'extérieur pour l'intérieur dans la construction du nouveau temple dont la gloire a été prophétiquement annoncée supérieure à l'ancienne tiré de…

Conclusion partielle des contenus des six premières lettres.

Suivant les contenus des six premières lettres, il est important de constater et de souligner le caractère ou l'état perfectible et améliorable de l'église.

Ainsi, il sera constaté en fin de chaque lettre, l'expression : Que celui qui a des oreilles entendent ce que l'Esprit dit aux églises.

Ce qui stipule que l'Esprit parlait en même temps à l'église sous la forme du temple et à chaque individu ou croyant constituant ladite église.

Et si l'Esprit devrait adopter la même attitude avec toutes les églises, en confiant le message à un ange quoiqu'étant lui-même capable d'aller directement, et trouver à chaque niveau des failles à corriger dans la vie de l'église pour l'atteinte du résultat escompté, cela prête à relever qu'il n'y a en réalité aucune différence entre elles, et que ce n'était que la vie ou la marche de croissance du croyant à travers l'église, puisque l'élément le plus important dans cette histoire reste en premier lieu le croyant en tant qu'individu et après quoi vient l'assemblée encore appelée église.

Nous avions aussi fait mention de l'annonce prophétique de l'Evangile sous la porte ouverte à travers le contenu de la sixième lettre, ce qui nous offrira plus de détails dans l'étude du cas de la septième lettre.

Etude du contenu de la septième lettre.

En ce qui concerne le contenu de la lettre au septième église, une évaluation sera à l'ordre du jour et débouchera sur une crise de position ou d'identité.

Cette crise sera source de confusion au sein de l'église, constituée des croyants qui s'appuyant sur leurs propres œuvres pouvaient se regarder tels des riches ; des gens dont le succès ou la réussite n'est plus à démontrer, et dans un état vraiment confortable.

Et tout cela à cause de leur ignorance et de la méconnaissance de ce Dieu qu'ils croient adorer par leur propre sagesse et intelligence.

A partir de ce niveau de croissance qui reste la plus importante dans la vie du croyant ou de l'église, une proposition lui sera faite, avec l'objectif de détourner ou de délivrer sa conscience du mérite ou la justice personnelle pour celle de la grâce apportée par la foi ou le Christ.

Ce sera la voie de la véritable richesse, capable de résister à l'épreuve du feu et le vêtement blanc de haute qualité à l'image de la peau d'animal dont Dieu avait couvert Adam et Eve, quand ceux-ci s'étaient couverts eux-mêmes par des feuilles de figuier après leur acte de désobéissance dans le jardin d'Eden.

L'Esprit ou le Fils s'annoncera frappant à la porte de quiconque l'entendra et l'ouvrira, avec le désir d'entrer non seulement chez lui, mais de soupirer avec lui et cette fois par référence à sa relation personnelle avec son Père.

Conclusion de la comparaison des six premières lettres à la septième.

Il faut noter la démarche croissante des croyants à travers l'église contenue dans les six premières lettres, qui est caractérisée par l'effort personnel à se faire inscrire dans le livre de vie et à s'offrir le vêtement blanc avec la menace de se faire retirer à tout moment en cas d'une éventuelle défaite à la course dans laquelle il se serait engagé.

Il n'y a aucune garantie concrète du salut sur laquelle on pourrait s'appuyer et occasionne l'insécurité et la peur de tomber et pourquoi pas retomber ?

Ce qui lui fera perdre tous ses gains, lesquels il s'était offerts à la suite de gros efforts consentis.

Il sera continuellement encouragé dans ses efforts comme si la justice de Dieu était le produit du mérite et pouvait être obtenue au prix de ses capacités personnelles.

C'est pourquoi il sera dit dans les écritures suivants :

Référence biblique : Galates : 5 V 4 ; Ephésiens : 2 V 8 - 9.

Puis Vous êtes séparés de Christ, vous tous qui chercher la justification dans la loi ; vous êtes déchus de la grâce.

Car c'est par grâce que vous êtes sauvés, par le moyen de la foi.

Et cela ne vient pas de vous, c'est le don de Dieu.

Ce n'est point par les oeuvres, afin que personne ne se glorifie.

Toutefois, il sera surpris de réaliser à la fin de la course qu'il était purement en erreur en considération de sa croyance et aura la proposition de l'appel à la conversion à Dieu par la mise en cause de toute sa pauvre et misérable connaissance pour une nouvelle relation qui ne nécessitera plus l'intermédiaire de l'ange, parce qu'il s'agira d'une relation sainte de vie et de paix de source divine.

Une relation de confiance entre uniquement deux partenaires à savoir l'homme racheté et le Saint-Esprit.

Le vêtement blanc ne pourra plus être retiré pour aucune raison et le nom, non plus ne pourra en aucun cas être effacé du livre de vie, parce que tout a été obtenu sur la base de la grâce et non le mérite.

Chapitre : 5

Etude du contenu de la lettre à la septième église.

Concernant le contenu de la lettre au septième église, il sera remarqué au niveau des versets 15 et 16 du chapitre 3, une déclaration en des termes d'évaluation :

Je connais tes œuvres, une expression qui pourra-être traduite encore par le type d'adorateur que tu es ou ton statut relationnel avec Dieu, malgré le sacrifice de son Fils unique pour sauver l'homme du péché.

Je sais que tu es resté statique dans ton état moral et spirituel et plus précisément, tu n'arrives pas à faire la différence entre la vérité relative à la justice et le péché selon le cœur et la pensée de Dieu.

Ces deux mots constituent des états de vie ou statuts spirituels, lesquels seront utilisés dans le domaine de l'âme en des termes suivants : Ni froid ni bouillant...

Ceci dit que vous ne pouvez pas à la fois être malade et en bonne santé ; bon et mauvais ; ignorant et connaissant ; mort et vivant ; libre et esclave ou juste et pécheur.

C'est pourquoi, le seigneur Jésus, alors qu'il était sur terre pendant son périple missionnaire, pouvait tenir certains langages dont ceux-ci par exemple :

Référence biblique : Marc : 2 V 17 ; Jean : 9 V 39.

Ce que Jésus ayant entendu, il leur dit : Ce ne sont pas ceux qui se portent bien qui ont besoin de médecin, mais les malades.

Je ne suis pas venu appeler les justes, mais les pécheurs.

Puis Jésus dit : Je suis venu dans ce monde pour un jugement, pour que ceux qui ne voient point voient, et que ceux qui voient deviennent aveugles.

Ainsi, quel que soient les compétences, l'expertise ou la bonne volonté du médecin, il ne pourra rien prouver devant un patient qui refuse de se reconnaître malade et se soumettre à la sagesse médicinale.

Puisqu'il aura refusé ainsi d'ouvrir la porte de sa vie pour accueillir les services du médecin et obligera ce dernier à observer son inutilité vis-à-vis de lui.

Cette expérience sera constaté dans la vie ministérielle du prophète Elie, qui, dépassé par les évènements qui se produisaient à cette époque dans la vie du peuple d'Israël, pouvait tenir ces langages tirés du verset ci-dessous :

Référence biblique : 1 Rois : 18 V 21

Ce que Jésus Alors Elie s'approcha de tout le peuple, et dit : Jusqu'à quand clocherez-vous des deux côtés ?

Si l'Eternel est Dieu, allez après lui ; si c'est Baal, allez après lui ! Le peuple ne lui répondit rien.

On n'évoluera pas sans prendre en compte l'expérience de l'apôtre Paul vis-à-vis de certains disciples, ayant l'apôtre Pierre à leur tête, et avaient une attitude répréhensible à la lumière de la connaissance de la vérité, laquelle devrait susciter la réaction énergique de ce dernier en des termes que nous tirons des versets suivants...

Références bibliques : 2 Corinthiens : 5 V 17 ; Galates : 2 V 11-14 ; 5 V 3-5.

Si quelqu'un est en Christ, il est une nouvelle créature, les choses anciennes sont passées ; voici toutes choses sont devenues nouvelles.

Mais lorsque Céphas vint à Antioche, je lui résistai en face, parce qu'il était répréhensible.

En effet, avant l'arrivée de quelques personnes envoyées par Jacques, il mangeait avec les païens ; et, quand elles furent venues, il s'esquiva et se tint à l'écart, par crainte des circoncis.

Avec lui les autres juifs usèrent aussi de dissimulation, en sorte que Barnabas même fut entrainé par leur hypocrisie.

Voyant qu'ils ne marchaient droit selon la vérité de l'Evangile, je dis à Céphas, en présence de tous :

Si toi qui est juif, tu vis à la manière des païens et non à la manière des juifs, pourquoi forces-tu les païens à judaïser ?

Et je proteste encore une fois à tout homme qui se fait circoncire, qu'il est tenu de pratiquer la loi tout entière.

Vous êtes séparés de Christ, vous tous qui chercher la justification dans loi ; vous êtes déchus de la grâce.

Pour nous, c'est de la foi que nous attendons, par l'Esprit, l'espérance de la justice.

Quelques passages bibliques impliquant l'attitude variée du Seigneur en lien avec les juifs dans leur sagesse religieuse et doctrinale héritée de leurs pères…

Références bibliques : Marc : 7 V 3 - 5 , 8 - 9.

Or, les pharisiens et tous les juifs ne mangent pas sans être lavé soigneusement les mains, conformément à la tradition des anciens ;

Et quand ils reviennent de la place publique, ils ne mangent qu'après être purifiés. Ils ont encore beaucoup d'autres observations traditionnelles, comme le lavage des coupes, des cruches et des vases d'airain.

Et les pharisiens et les scribes lui demandèrent : Pourquoi tes disciples suivent-ils pas la tradition des anciens, mais prennent-ils leurs repas avec des mains impures ?

Vous abandonnez le commandement de Dieu, et vous observez la tradition des hommes.

Il leur dit encore : vous anéantissez fort bien le commandement de Dieu, pour garder votre tradition.

Référence biblique : Jean : 3 V 3 ; 5 V 39 ; 8 V 32 - 33 ; 9 V 28 - 29 , 40 - 41.

Jésus lui répondit : En vérité, en vérité, je te le dit, si un homme ne naît de nouveau, il ne peut voir le royaume de Dieu.

Vous sondez les écritures, parce que vous pensez avoir en elles la vie éternelle : ce sont elles qui rendent témoignage de moi.

Vous connaîtrez la vérité, et la vérité vous affranchira.

Ils lui répondirent : Nous sommes la postérité d'Abraham, et nous ne fûmes jamais esclaves de personne ; comment dis-tu : vous deviendrez libres ?

Ils l'injurièrent et dirent : C'est toi qui est son disciples ; nous, nous sommes disciples de Moïse.

Nous savons que Dieu a parlé à Moïse ; mais celui-ci, nous ne savons d'où il est.

Quelques pharisiens qui étaient avec lui, ayant entendu ces paroles, lui dirent : Nous aussi, sommes-nous aveugles ?

Jésus leur répondit : Si vous étiez aveugles, vous n'auriez pas de péché.

Mais maintenant vous dites : Nous voyons. C'est pour cela que votre péché subsiste.

Il sera constaté dans un cas ou dans un autre qu'à la vie relationnelle de l'homme avec Dieu s'impose un changement radical et rationnel, lequel va évoluer avec le temps et sous plusieurs formes de figures conformément à la volonté du Très-Haut dont la principale sera qualifiée comme la nouvelle naissance.

Il s'agira d'un changement par lequel l'âme de l'homme cèdera place à son esprit dans sa relation avec son Dieu, son créateur.

Et ce sera la régénération spirituelle de l'homme.

Prenons-en l'exemple de cette réflexion illustrative ci-dessous mentionnée :

L'investisseur, selon les règles de l'art, disposant d'un temps règlementaire pour le retour sur son investissement, et dans le cas d'espèce, Dieu qui a investi par sacrifice à l'exigence de la loi son Fils unique dans le but et l'objectif de racheter du péché, l'homme qu'il a tant aimé, devrait après des avertissements répétés sans succès à l'endroit de ce dernier, mettre en place un nouveau moyen ou un mécanisme capable de lui garantir le retour sur un si lourd investissement.

Et ce sera la prédication de l'Evangile par le moyen du ministère de la réconciliation ou de l'Esprit.

Chapitre : 6

Le caractère évangélique de la lettre à la septième église.

Dans ce chapitre de notre développement, on notera le désir et la volonté du Très-Haut de sortir l'homme qu'il a tant aimé et pour qui, il a tout investi de la relation du péché et de la mort ou encore de la religion.

Une relation qui implique nécessairement l'intermédiation des anges, appelée sacerdoce lévitique ou le ministère des anges à cause de l'incompatibilité naturelle des deux parties en relation.

Références bibliques : Hébreux : 8 V 7-10

En effet, s la première alliance avait été sans défaut, il n'aurait pas été question de la remplacée par une seconde.

Car c'est avec l'expression d'un blâme que le Seigneur dit à Israël : Voici les jours viennent, dit le Seigneur, où je ferai avec la maison d'Israël et la maison de Juda

Une alliance nouvelle,

Non comme l'alliance que traitai avec leurs pères,

Le jour où je les saisis par la main pour les faire sortir du pays d'Egypte ;

Car ils n'ont pas persévéré dans mon alliance,

Et moi aussi je ne me suis pas soucié d'eux, dit le Seigneur.

Mais voici l'alliance que je ferai avec la maison d'Israël,

Apres ces jours-là, dit le Seigneur :

Je mettrai mes mois dans leurs esprits ;

Je les écrirai dans leur cœur ;

Et je serai leur Dieu

Et ils seront mon peuple.

Dieu et les anges sont tous saints, mais l'homme, pour cause du péché, a perdu cette sainteté originelle par laquelle il ressemblait à son créateur.

Dieu ne pouvant plus marcher avec lui dans cette nature corrompue de péché et ne voulant pas aussi le perdre, prendra la décision souveraine et salutaire de se donner des serviteurs sous l'appellation des anges, lesquels devront s'occuper provisoirement de la liaison entre les deux parties afin d'éviter la perte définitive de ce dernier.

Il va alors mettre en place l'exécution de son plan mystérieux et caché de tous les temps du rachat de l'homme de sa nature pècheresse pour lui offrir sa justice à travers la prédication de l'Evangile.

Et c'est ce que nous découvrons dans les versets 20 et 21 de cette septième et dernière lettre à la dernière église de notre texte.

Et puisque c'est à partir de la vie du croyant que nous étudions celle de l'église, il importe de noter que cette étape sera vraiment capitale, car il s'agira de la renaissance de ce dernier.

Il sera alors question du passage spirituel du croyant d'un monde caractérisé par des faits et la réalité, pour un autre basé sur des promesses.

De la relation charnelle du croyant pour celle spirituelle avec Dieu en Jésus-Christ.

Dieu, décidant de récupérer l'homme et le rétablir dans sa divinité, afin de relancer son projet, pour lequel il a créé le monde visible, va envoyer de nouveaux ministres qui porteront et annonceront le message de la croix ou de la réconciliation à ceux dont les portes des cœurs étaient fermées aux signaux divins susceptibles de les affranchir de la captivité du péché et de la mort.

C'est pourquoi, il va commencer par réveiller leurs consciences par rapport à leur façon d'interpréter les différentes souffrances par lesquelles ils étaient de temps en temps éprouvées, et qui n'étaient pas forcément cause de péché, comme la loi du péché et de la mort le leur faisait croire à travers le premier ministère.

On notera en conséquence ce qui suit :

Références bibliques : Apocalypse : 3 V 19 ; 1 Pierre : 3 V 17 - 18.

Moi, je reprends et je châtie tous ceux que j'aime. Aie donc du zèle, et repens-toi.

Car il vaut mieux souffrir, si telle est la volonté de Dieu, en faisant le bien qu'en faisant le mal.

Christ aussi a souffert une fois pour les péchés, lui juste pour des injustes, afin de nous amener à Dieu, ayant été mis à mort quant à la chair, mais ayant été rendu vivant quant à l'Esprit...

Ce sera une façon claire de les rassurer, en attendant de les tendre les mains de réconciliation dont l'acceptation consistera à lui ouvrir la porte de leurs cœurs pour qu'il y fasse son entrée et partager ensemble les repas festifs de réconciliation et d'une nouvelle relation.

Ce sera une relation meilleure et supérieure en l'ancienne, et ne nécessitera aucun autre intermédiaire, un peu comme les anges dans la première relation.

Il faut rappeler que la présence et l'implication des anges dans la première relation était nécessaire simplement parce que l'esprit de l'homme qui devrait servir d'acteur principal entre lui et son Dieu, était éteint ou mort à cause péché et ne pouvait plus capter les signaux divins c'est-à-dire communiquer avec son maître.

Dieu étant Esprit, avait en conséquence disposé l'homme aussi d'un esprit faisant partir des trois éléments le constituant à savoir : esprit ; âme et corps, afin de le rendre capable de collaborer avec lui, son créateur.

Cependant, l'homme dont l'esprit est mort à cause du péché, quoique indispensable dans le projet terrestre de Dieu, va obliger ce dernier à se trouver une alternative relationnelle avec lui, le temps de le racheter pour la poursuite de son objectif.

Et ce sera les anges, en tant qu'esprits, qui se chargeront désormais de commissionnaires entre le Dieu très-saint et vivant et l'homme mort d'esprit.

Toutefois, cet état de chose par laquelle les cieux étaient séparés d'avec la terre ne pouvant pas trop durer à cause de son caractère improductif pour l'intérêt à la fois de l'homme et de Dieu juste, va céder place à un nouvel air de récupération de la terre du contrôle de Satan, laquelle ne se passera que par les mains de l'homme, conformément au plan divin de gestion de la cité terrestre.

Dieu, le créateur et propriétaire de tout l'univers en tant qu'Esprit, et manifestant le désir de récupérer sa cité terrestre, va nécessiter l'implication d'un corps physique, lequel ne pourra être identifié qu'en la personne de l'être humain.

C'est pourquoi, il sera obligé de déclencher le mécanisme susceptible de lui offrir l'accès à son intérieur, c'est-à-dire dans le cœur de l'homme.

On parlera en conséquence de l'évangélisation.

Références bibliques : Apocalypse : 3 V 20

Voici, je me tiens à la porte, et je frappe. Si quelqu'un entend ma voix et ouvre la porte, j'entrerai chez lui, je souperai avec lui et lui avec moi.

Le Seigneur par le biais des ministres de la réconciliation, se tiendra à la porte du croyant charnel ou pécheur, lui avec qui il entretenait autrefois, une relation sous le contrôle des anges afin de redonner vie à son esprit mort au péché, pour en faire sa justice dans une nouvelle relation d'Esprit à esprit et fondée sur la loi de la justice ou de la liberté, et ceci par la bonne compréhension et l'acceptation de l'œuvre de la rédemption contenu dans le message de la croix ou de la réconciliation.

Ce sera donc la prédication de l'Evangile, le seul et unique message susceptible de redonner vie à l'homme ; délivrer la conscience du croyant de la culpabilité, de la captivité du péché, de la condamnation et de l'autorité de Satan.

La conviction de cette vérité produit dans la vie du croyant la nouvelle création, et lui confère le statut de la justice de Dieu, c'est-à-dire le temple ou le lieu de résidence du Saint-Esprit.

Un tel croyant quittera le domaine de la relation avec Dieu caractérisé par l'adoration charnelle pour celui caractérisé par l'adoration spirituelle.

Et ce sera l'ensemble de tous ceux qui sont affranchis de la servitude et de la conscience du péché ; de la culpabilité et de la condamnation dans l'adoration charnelle de Dieu, par l'œuvre de la rédemption ou de croix de Christ qui forme l'église finale du septième âge ; l'église accomplie ou l'assemblée des justes.

En effet, le septième âge dans la vie de croyant ou de l'église, correspond à l'étape de la maturité par une conscience sainte ; juste et parfaite, dépouillée de toute forme de culpabilité et de méfiance envers Dieu et dans un cœur plein de confiance ou la foi en Dieu par le Christ.

Et c'est cette relation d'une nouvelle et bonne conscience du croyant en union avec des cultes d'adoration envers Dieu qui est qualifiée comme le ministère de l'Esprit ; de la justice ou encore de la réconciliation.

Toutefois, une chose serait de rencontrer la vérité par le moyen du ministère de la réconciliation, mais une autre sera de tenir inébranlable sa nouvelle position dans cette connaissance, laquelle est appelée à exposer le croyant à toutes les formes de vents perturbateurs ou de courants de pensée doctrinale tendancieux à l'amener à être tenté de remettre en cause la vérité par laquelle son âme était sauvée.

Références bibliques : Apocalypse : 3 V 21.

Celui qui vaincra, je le ferai asseoir avec moi sur mon trône, comme moi j'ai vaincu et me suis assis avec mon Père sur son trône.

Référence biblique : Jean : 14 V 17 ; 15 V 7 ; 16 V 7 - 8 , 12 - 15 ; 17 V 22 - 25.

L'Esprit de vérité, que le monde ne peut recevoir, parce qu'il ne le voit point et ne le connaît point ; mais vous, vous le connaissez, car il demeure en vous et sera en vous.

Si vous demeurez en moi, et que mes paroles demeurent en vous, demandez ce que vous voudrez, et cela vous sera accordé.

Cependant je vous dis la vérité : il vous est avantageux que je m'en aille, car si je m'en vais pas, le consolateur ne viendra pas vers vous ; mais, si je m'en vais ; je vous l'enverrai.

Et quand il sera venu, il convaincra le monde en ce qui concerne le péché, la justice, et le jugement :

J'ai encore beaucoup de choses à vous dire, mais vous ne pouvez pas les porter maintenant.

Quand le consolateur sera venu, l'Eprit de vérité, il vous conduira dans toute la vérité ; car il ne parlera pas de lui-même, mais il dira tout ce qu'il aura entendu, et il vous annoncera les choses à venir.

Il me glorifiera, parce qu'il prendra de ce qui est à moi, et vous l'annoncera.

Tout ce que le Père a est à moi ; c'est pourquoi j'ai dit qu'il prend de ce qui est à moi, et qu'il vous l'annoncera.

Je leur ai donné la gloire que tu m'as donnée, afin qu'ils soient un comme nous sommes un, moi en eux, et toi en moi, afin qu'ils soient parfaitement un, et que le monde connaisse que tu m'as envoyé et que tu les as aimés comme tu m'as aimé.

Père, je veux que là où je suis, ceux que tu m'as donnés soient aussi avec moi, afin qu'ils voient ma gloire, la gloire que tu m'as donnée, parce que tu m'as aimé avant la fondation du monde.

Référence biblique : 1 Corinthiens : 12 V 3.

C'est pourquoi je vous déclare que nul, s'il parle par l'Esprit de Dieu, ne dit : Jésus est anathème !

Et que nul ne peut dire : Jésus est le Seigneur ! Si ce n'est pas le Saint-Esprit.

Chapitre : 7

Regard critique sur l'église terrestre

Dans ce chapitre, nous allons nous imposer le devoir de monter un peu la compréhension qu'il convient d'avoir sur l'église.

Ceci étant, l'église terrestre, en considération des sept âges de croissance ne devrait pas être regardée comme le temple, encore moins un regroupement d'homme au nom de Dieu, à la tête duquel se trouverait un seul serviteur de Dieu se proclamant berger ou pasteur ou tout autre statut de type ministériel.

Oui ! L'église vient de Dieu et appartient à Dieu, et en tant que telle devrait-être considérée comme sa propriété privée et personnelle.

Elle est placée sous l'autorité administrative du Saint-Esprit et non des hommes quoique ceux-ci restent indispensables dans son fonctionnement à l'image du regard de Dieu à l'égard de la terre.

Elle est constituée dans son fonctionnement de deux grandes parties à savoir : les ministres ou serviteurs et les fidèles ou le peuple de Dieu.

Le seigneur Jésus-Christ, dépositaire de la plénitude de la divinité, et conformément à l'esprit de croissance qui caractérise l'église, va prendre le soin de lui fournir un nombre donné de compétences spirituelles en vue de sa marche à la perfection ou en statut d'homme spirituellement accompli.

Toute assemblée se réclamant du statut de l'église, avec à sa tête une seule autorité spirituelle qui peut même prétendre disposer de plusieurs dons n'est pas conforme à la règle de l'art, et ne pourra jouir de la pleine assistance du Saint-Esprit par le Christ.

Une telle église peut est considérée dans la tranche des six premiers âges, comme les six premières lettres aux églises, et devrait travailler à s'ouvrir à tous les autres dons qui manquent en son sein et qui restent indispensables pour l'atteinte des objectifs du Seigneur.

Alors l'église de la tranche des six premiers âges de croissance spirituelle correspond à l'ensemble des croyants sauvés du monde ayant entamé la marche chrétienne selon le processus de la croissance pour leur maturité spirituelle.

Une telle église court le risque de l'arrêt de croissance en refusant de s'ouvrir et de se soumettre à la volonté opérationnelle du Seigneur à travers tous les compartiments entrant dans le processus normal de sa croissance, un peu comme la femme de Lot qui ayant reçu comme son marie et ses enfants l'appel du Seigneur par le biais des anges de sortir expressément du territoire de Sodome et Gomorrhe pour la destination de la montagne.

Elle va bien partir comme les autres, mais ne réussira pas à atteindre la destination ; le repos ou la maturité pour des raisons que nous considérons moins importantes dans cette étude.

Toutefois, elle deviendra une statue de sel, laquelle s'explique par l'arrêt de croissance de la foi, lorsque la statue traduit l'arrêt ou l'immobilité, tandis que le sel traduit la foi, sachant bien qu'il est impossible au croyant d'être agréable à Dieu sans la foi et seulement par elle qu'il pourra accéder au royaume des cieux.

C'est pourquoi il sera dit selon les écrits de l'apôtre Paul, le reproche aux chrétiens ou croyants qui étaient encore des bébés spirituels étant au lait, eux qui devraient être en train de prendre déjà de la nourriture solide, selon que la nourriture solide est réservée pour les croyants ou chrétiens matures.

Références bibliques : 1 Corinthiens : 3 V 9 - 12, 16.

Car nous sommes ouvriers avec Dieu. Vous êtes le champ de Dieu, l'édifice de Dieu.

Selon la grâce de Dieu qui m'a été donnée, j'ai posé le fondement comme un sage architecte, et un autre bâtit dessus. Mais que chacun prenne garde à la manière dont il bâtit dessus.

Car personne ne peut poser un autre fondement que celui qui a été posé, savoir Jésus Christ.

Or, si quelqu'un bâtit sur ce fondement avec de l'or, de l'argent, des pierres précieuses, du bois, du foin, du chaume, l'œuvre de chacun sera manifestée ;

Ne savez-vous pas que vous êtes le temple de Dieu, et que l'Esprit de Dieu habite en vous ?

Référence biblique : Hébreux : 5 V 11 - 14.

Nous avons beaucoup à dire là-dessus, et des choses difficiles à expliquer, parce que vous êtes devenus lents à comprendre.

Vous, en effet, qui depuis longtemps devriez être des maîtres, vous avez encore besoin qu'on vous enseigne les premiers rudiments des oracles de Dieu, vous en êtes venus à avoir besoin du lait et non d'une nourriture solide.

Or, quiconque en est au lait n'a pas l'expérience de la parole de justice ; car il est un enfant.

Mais la nourriture solide est pour les hommes faits, pour ceux dont le jugement est exercé par l'usage à discerner ce qui est bien et ce qui est mal.

Référence biblique : 1 Pierre : 2 V 2 et 5.

Désirez, comme des enfants nouveau-nés, le lait spirituel et pur, afin par lui vous croissiez pour le salut.

Et vous-même, comme des pierres vivantes, édifiez-vous pour former une maison spirituelle ; un saint sacerdoce, afin d'offrir des victimes spirituelles, agréables à Dieu par Jésus-Christ.

L'église du septième âge que traduit un peu la septième lettre correspond à l'ensemble des croyants ayant atteints la maturité spirituelle ou l'étape chrétienne susceptible de s'auto juger et de prononcer aussi des jugements.

La capacité de faire la différence entre les langages charnels et spirituels ; la pensée de Dieu et celle des hommes ; la prise de conscience de sa personnalité spirituelle dans le Seigneur.

Et pour l'effectivité de cet état de chose, il reste impératif au sein de cette assemblée de reconnaître et de respecter le principe divin de la répartition des dons du Saint-Esprit en rapport avec l'opérationnalisation des différents ministères, conformément à la volonté architecturale et ecclésiastique du Seigneur.

Références bibliques : 1 Corinthiens : 12 V 4 -11.

Il y a diversité de dons, mais le même Esprit ;

Diversité de ministères, mais le même Seigneur ;

Diversité d'opération, mas le même Dieu qui opère tout en tous.

Or à chacun la manifestation de l'Esprit est donnée pour l'utilité commune.

En effet, à l'un est donnée par l'Esprit une parole de sagesse ; à un autre, une parole de connaissance, selon le même Esprit ;

A un autre, la foi, par le même Esprit ; à un autre, le don des guérisons, par le même Esprit ;

A un autre, le don d'opérer des miracles ; à un autre, la prophétie ; à un autre, le discernement des esprits ; à un autre, la diversité des langues ; à un autre, l'interprétation des langues.

Un seul et même Esprit opère toutes ces choses, les distribuant à chacun en particulier comme il veut.

Référence biblique : Ephésiens : 4 V 10 - 16.

Celui qui est descendu, c'est le même qui est monté au-dessus de tous les cieux, afin de remplir toutes choses.

Et il a donné les uns pour comme apôtres, les autres comme prophètes, les autres comme évangélistes, les autres comme pasteurs et docteurs.

Pour le perfectionnement des saints en vue de l'œuvre du ministère et de l'édification du corps de Christ.

Jusqu'à ce que nous soyons tous parvenus à l'unité de la foi et de la connaissance du Fils de Dieu, à l'état d'homme fait, à la mesure de la statue parfaite de Christ.

Afin que nous ne soyons plus des enfants, flottants et emportés à tout vent de doctrine, par la tromperie des hommes, par leur ruse dans les moyens de séduction, mais que, professant la vérité dans la charité, nous croissions à tous égards en celui qui est le chef, Christ.

C'est de lui, et grâce à tous les liens de son assistance, que tout le corps, bien coordonné et formant un solide assemblage, tire son accroissement selon le force qui convient à chacune de ses parties, et s'édifie lui-même dans la charité.

Il s'impose désormais aux différents serviteurs de Dieu, de comprendre et d'accepter que seule la soumission à la volonté organisationnelle de son maître, correspond à l'obéissance relationnelle dans le cadre de l'administration ministérielle, laquelle est la volonté souveraine et manifeste du Seigneur de ne confier plusieurs ou tous les dons ministériels à un seul individu, si sage ou intelligent que ce dernier peut paraître.

Ainsi se présente le principe divin de plusieurs en un, à l'image du corps humain, composé de plusieurs parties et de plusieurs membres dans une fonction de complémentarité objective.

On n'y connaîtra, ni de forts, ni de faibles, puisqu'ils tirent tous, leurs sources respectives du même Esprit.

Ces sept églises dans sa forme unique devraient être précédemment montrées au prophète Zacharie dans une vision, dans laquelle elle sera présentée dans son processus de croissance comme une maison d'adoration qui aurait été détruite et qui est en phase de reconstruction et cette fois par les soins de Zorobabel.

Références bibliques : Zacharie : 4 V 2 - 7 ; 2 Corinthien : 4 V 13.

Il me dit : Que vois-tu ?

Je répondis : Je regarde, et voici, il y a un chandelier tout d'or, surmonté d'un vase et portant sept lampes, avec sept conduits pour les lampes qui sont au sommet du chandelier ; et il y a près de lui deux oliviers, l'un à la droite du vase, et l'autre à sa gauche.

Et reprenant la parole, je dis à l'ange qui parlait avec moi : Que signifient ces choses, mon Seigneur ?

L'ange qui parlait avec moi me répondit : Ne sais-tu pas ce que signifient ces choses ?

Je dis : Non, mon Seigneur.

Alors il reprit et me dit : C'est ici la parole que l'Eternel adresse à Zorobabel : Ce n'est ni par la puissance ni par la force, mais c'est par mon esprit, dit l'Eternel des armées.

Qui es-tu, grande montagne, devant Zorobabel ? Tu seras aplanie. Il posera la pierre principale au milieu des acclamations : Grâce, grâce pour elle !

Et comme nous avons le même esprit de foi qui est exprimé dans cette parole de l'écriture : J'ai cru, c'est pourquoi j'ai parlé ! Nous aussi nous croyons, et c'est pour cela que nous parlons.

Conclusion

Nous procédons à la conclusion de cet ouvrage par l'expression de nos sincères remerciements à notre employeur ; notre Dieu ; notre Seigneur et sauveur, qui nous a encore fait la grâce d'être participant de sa grande activité entrant dans le cadre du salut des humains et de tout ce qui concourt à sortir les croyants de leur ignorance relative aux différents sujets que leur offrent les saintes écritures.

Nous rendons grâce à Dieu pour la vie de tous ceux ou celles qui, d'une manière ou d'une autre, nous ont soutenu dans les pressions de chaque jour, avec le défi permanent et continuel de contribuer à la satisfaction de la soif et la faim littéraire de nos différents et chaleureux lecteurs.

Nous pouvons à présent, se frotter les mains d'avoir été utiles pour l'enrichissement intellectuel de tous ceux qui n'arrêtaient de s'interroger sur le mystère qui entoure le chapitre des lettres aux sept églises d'Asie, lequel a fait objet de plusieurs formes d'interprétations sans jamais parvenir à la révélation de l'âge de croissance du croyant à travers l'église, comme nous venons bien de l'approuver.

L'honneur est donc pour nous qui avions contribué à l'écriture ; à l'édition et à la publication de cet ouvrage, et pour tous ceux ou celles qui ne ménageront aucun effort pour s'en procurer.

Cette œuvre est inspirée du Saint-Esprit, et a pris corps par le biais des efforts conjugués de l'association évangélique « Club Dimension Sept », en collaboration avec ses différents partenaires convaincus du devoir ministériel dans le cadre de la conquête du monde pour la gloire de l'agneau de Dieu, Jésus-Christ, notre seigneur et sauveur.

Nous nous joignons à chacune et à chacun de vous qui parcourez les lignes révélatrices de cet ouvrage pour bénir le Dieu tout-puissant, dont la volonté est que tous les hommes soient sauvés et parviennent à la connaissance de la vérité.

Et pour finir, il convient de noter que derrière les différents âges de la croissance de l'église se cache le processus de la croissance du croyant de son âge d'appel à celui de sa maturité spirituelle et c'est bien l'intérêt et l'objectif du seigneur Jésus-Christ par le Saint-Esprit dans cette histoire relative à la lettre aux sept églises d'Asie.

A Dieu seul par notre seigneur Jésus-Christ, la gloire, l'honneur, l'exaltation et la louange, maintenant et à jamais. Amen...

Printed by Books on Demand GmbH, Norderstedt / Germany